Paolofabrizio De Luca

DIZIONARIO DEI MITI

IL SIMBOLO, IL MITO E LE IMMAGINI CHE CURANO

2018

"La malattia è un simbolo, la rappresentazione di un avvenimento interiore, il palcoscenico di cui l'Es si serve per rivelare ciò che non può dire attraverso la bocca."

Georg Groddeck

Al mito del padre

Simbolo, mito ed immagini sono considerabili le unità di base di alcuni approcci psicoterapeutici. Esse possono portarci a comprendere tanti aspetti della nostra vita ed anche il disagio psichico. Il terapeuta che osserva, allargando il punto di vista, si accorge dell'esistere psichico dell'individuo, cosa che il soggetto non riesce a vedere autonomamente.

Trasmesso tra le generazioni, il mito è un racconto caratterizzato prevalentemente da sentimenti di sacralità. Ci narra gli sviluppi del mondo, degli esseri viventi, degli dei e degli eroi, rendendo il passato un evento presente. Il termine "mito" deriva dal vocabolo greco "mhythos", che significa "discorso", venendo anche associato alle risposte degli oracoli alle richieste degli uomini. Allora il mito, che oggi parla soprattutto attraverso immagini e simboli, ha funzioni terapeutiche. Infatti, come sosteneva C. G. Jung, la psicoterapia scende nella parte profonda dell'animo umano, percorrendo l'analisi dei miti, e ci porge la comprensione di quanto la vita sia universale. Così il mito ha una funzione terapeutica che riattiva anche quella parte creativa presente nell'individuo. Miti, simboli, immagini ed archetipi pur possedendo il loro carattere collettivo sono indissolubilmente legati alle dinamiche di ciascun individuo. In questo modo in terapia ogni paziente, in ogni incontro, porta un mito che lo sta caratterizzando in quel momento dell'esistenza. Per questo, di seguito, ho maturato una selezione

1

di letture essenziali dai miti della cultura greca e romana. Comprendere in quell'istante quale sia la divinità che abita l'individuo non è molto distante dalla funzione terapeutica e antropologica del mito.

Perché è importante riconoscere nel quotidiano il senso simbolico dei miti?

La nevrosi e, nella visione olistica, la malattia somatica sono opportunamente considerabili l'espressione dell'alterazione delle capacità naturali. Per guarire dall'ansia, dalla depressione e da vari altri disturbi psicologici dobbiamo comprendere il senso della nostra vita attraverso le immagini simboliche e mitologiche. Quando riusciamo a guardarci dentro, anche attraverso il potere delle immagini, riconosciamo l'importanza del seguire le spinte creative. Ogni persona inizia il percorso di guarigione quando scopre il proprio *Femminile Creativo*, che porta verso l'amore e conduce ad accorgersi del proprio talento. Assecondare i talenti significa, ad esempio, iniziare un lavoro che piace e che forse, prima, non si era mai considerato di fare.

Interpretando le immagini dei miti attraverso l'associazione di quanto accade nella nostra vita ci porta ad accorgerci che la nostra autentica natura è a portata di mano. Spesso la sofferenza ci trascina a crearci un mondo negativo, privo d'amore e comprensione dove la morte sembra l'unica soluzione possibile per vincere lo stress, che oggi regna nell'Occidente. Proprio interpretando i miti scopriremo che può essere necessario anche prendere contatto con gli aspetti aggressivi, che devono poter emergere spontaneamente. Spesso sono proprio i sintomi psichici che ci servono a vedere in faccia la parte istintuale che la coscienza tende a far vivere solo in modo negativo, inaridendo ogni emozione. Spesso ci troviamo ad esperire il corpo come separato da Sé. In psicoterapia ad orientamento psicosomatico si osserva come, in alcune forme nevrotiche, il corpo per la persona appartenga ad altri (ai genitori, ai cattivi, agli amanti, ai mostri) e per questo ci si sente vittime. Il tutto si traduce nella percezione che la propria esistenza sia inutile oppure destinata ad essere dipendente. Proprio dal corpo, spesso attraverso l'interpretazione simbolica del sintomo, parte la riscossa.

Per suggerirvi come utilizzare questo dizionario dei miti vi racconto il caso di Giulia, che soffriva di ansia e di una grave forma di anoressia. Giulia durante la terapia associa la madre ad Eris, dea della discordia, e si accorge che effettivamente questa donna induceva in tutti forme di giudizio, contrasto e dissidi, generando proprio spavento e terrore. Ad un certo punto del percorso terapeutico, Giulia porta in seduta una mela insieme ad un grattugino per la frutta e da lì inizia a provare nuovamente i gusti, si sente libera di vivere senza quella voce interiore che dettava le regole. Così ha

Paolofabrizio De Luca

la possibilità di comprendere che la madre non voleva farle del male e che la sua "aridità" e "continuo giudizio" erano solo frutto di un'infanzia oppressiva ancora presente.

A

ACCA LARENZIA

Secondo il mito più diffuso era moglie di Faustolo, il pastore che trovò Romolo e Remo. Insieme a lui allevò amorevolmente i due gemelli. Questa figura femminile è simbolicamente raffigurata, se non identificata, con l'immagine della lupa che allatta e alleva i gemelli più famosi della storia umana. Poi, la leggenda finì con identificare Acca Larenzia con la madre dei fratelli Arvali, divinità campestri dei romani.

ACHILLE

Achille, figlio del re dei Mirmidoni Peleo e della nereide Teti, è per la tradizione l'eroe inimitabile per antonomasia. Attorno alle tumultuose vicende della sua vita la leggenda si è sbizzarrita particolarmente. Quando nacque la madre, per renderlo invincibile, l'avrebbe immerso per tre volte nelle acque del fiume infernale, lo Stige, tenendolo per un tallone, punto corporeo che non bagnandosi rimase vulnerabile. Secondo un'altra tradizione Teti, per renderlo immortale, l'avrebbe unto con l'ambrosia, per poi bruciarne, di notte, le membra mortali del corpo con il fuoco. Ma una notte il padre, sentendo le grida del piccolo

Achille, accorse e vedendolo tra le fiamme gridò. A questo Teti scappò incollerita, immergendosi tra le acque per non far più ritorno. Poiché il tallone di Achille rimase ustionato, Peleo lo fece sostituire con l'astragalo del veloce corridore e gigante Damiso. L'inserimento di quest'osso avrebbe lasciato vulnerabile il tallone pur rendendo Achille molto veloce nella corsa.

ADE

Ade è il dio dei morti, nato dall'unione di Crono o Saturno e di Rea. Fratello di Giove, Era, Estia, Poseidone e Demetra. È sovrano nel mondo sotterraneo degli Inferi, dove custodisce le anime dei morti e tutte le ricchezze presenti nel sottosuolo e nella terra. In seguito alla divisione dell'universo Ade ereditò la sovranità di tale spazio infero mentre i fratelli Giove e Poseidone ricevettero rispettivamente l'Olimpo e il regno del mare. Non sopportando la luce del sole fu costretto a consumare la sua esistenza in un tumulo sotterraneo. Qualsiasi mortale, varcata la grande porta che dava accesso al suo regno, era destinato a non uscirne più. Il mito narra però alcune eccezioni consentite a Ulisse, Enea ed Orfeo. Ade si è dovuto recare nel mondo dei vivi esclusivamente per il rapimento, con il consenso di Giove, di Persefone che voleva sposare. Tale ratto generò l'ira di Demetra che lasciò l'Olimpo e provocò una terribile carestia in tutta la terra per non farle più produrre frutti succulenti per i mortali e gli dei. Giove, onde evitare l'estinzione dell'umanità, si prodigò nel riavvicinare il dio degli Inferi e Demetra ordinando ad Ade di restituire Persefone, con l'accordo che ella non mangiasse il cibo dei morti. Ade accettò l'imperativo ma, poiché Persefone era digiuna dal momento del rapimento, la invitò a mangiare un melograno, prima di fare ritorno dalla madre. Tale tranello doveva fare in modo che Persefone restasse nell'infero regno. Questo tranello produsse, ancora una volta, l'ira di Demetra, costringendo Giove a disporre che Persefone rimanesse con Ade tanti mesi quanti erano stati i semi ingeriti, potendo così trascorrere con la madre il resto dell'anno ossia sei mesi. La proposta sancì che Persefone avrebbe trascorso sei mesi con Ade nel regno degli Inferi e sei mesi con Demetra sulla terra. L'accordo fu accettato da tutti e così alla permanenza di Persefone sulla terra si associò l'abbondanza dei frutti della primavera e dell'estate. Il tempo dove Persefone stava con Ade corrispondeva all'autunno ed all'inverno, periodi poco fertili per la terra e segnati dallo struggersi di Demetra per la mancanza della figlia. Al dio degli Inferi, durante la notte, si offrivano in sacrificio pecore e tori neri, ma chi compiva l'immolazione voltava il viso, poiché guardare negli occhi il volto di Ade, senza il consenso della divinità, avrebbe portato istantaneamente ed irreversibilmente alla morte.

AGAMENNONE

Figlio di Atreo, re di Micene, sposò Clitennestra, una delle figlie di Menelao. Agamennone nella guerra di Troia guidò la flotta dei Greci provocata dal rapimento di Elena. Prima di partire per la guerra uccise una cerva non sapendo che l'animale fosse consacrato ad Artemide. In questo modo provocò su di sé e sul suo popolo le ire della dea della caccia, la quale, per vendicarsi, mosse forti venti per impedire alla flotta greca di salpare e uscire dal porto. Pur di quietare le ire della dea, Agamennone le offrì in sacrificio sua figlia, Ifigenia. Vane furono le suppliche della moglie Clitennestra che cercò di evitare tale sacrificio. In realtà all'ultimo momento Artemide sostituì la ragazza con una cerva. Solo così, i venti cessarono permettendo alla flotta la partenza per Troia. Rammentiamo che l'Iliade inizia con "l'ira di Achille" dovuta al rapimento della schiava Briseide, ad opera di Agamennone. Il mito narra che, dopo la guerra di Troia, Agamennone fu ucciso da Egisto. Quest'ultimo, durante la guerra, si era innamorato di Clitennestra, la quale ancora serbava rancore verso il marito per il sacrificio della figlia Ifigenia. Agamennone viene spesso raffigurato con in mano lo scettro, simbolo di regalità.

APOLLO

Si narra che la gelosa Giunone incaricò il brutale serpente, Pitone, di perseguitare Latona, che fuggì sul piccolo isolotto di Delo, dove partorì Apollo e Diana, figli di Giove. Si narra che Apollo, a soli quattro giorni di vita, si armò per uccidere l'insidioso Pitone. Per alcune tradizioni, Apollo, viene associato a Helios, il dio che ogni giorno trainava il carro del Sole, con quattro cavalli, da Oriente ad Occidente e viceversa, durante le ore mattutine. Apollo viene anche ritenuto il fondatore di Troia, ma è principalmente il dio della poesia e della musica. Fu molto sensibile alla bellezza subendone il caratteristico fascino e per questo si narra che finì con l'innamorarsi frequentemente. Si ricorda il suo amore per Dafne, che non ricambiava, anzi chiedendo aiuto alla madre Terra, la dea Gea, lo trasformò in un alloro. Per questo Apollo porta sul capo una corona di alloro.

ARGO

Argo, veniva chiamato anche "Argo dai cento occhi", pronipote di Argo, figlio di Giove e Niobe, re del Peloponneso. Liberò l'Arcadia da un terribile toro che la devastava grazie alla sua forza erculea. Numerose sono le imprese di Argo, tra cui l'uccisione di Satiro, rapinatore di mandrie. Inoltre uccise il mostro antropofago Echidna, per metà donna e per metà serpente. Non vi sono certezze sul numero degli occhi di Argo. Diverse tradizioni narrano di occhi sparsi su tutto il corpo, altre parlano di quattro e alcune di un unico. Si narra che Giunone affidò ad Argo, Io, tramutata in giovane giovenca da Giove. Argo venne ucciso da Mercurio, mentre si addormentava al dolce suono del flauto suonato da Pan. Giunone, in onore dell'alta fedeltà di Argo, si pregiò di trasferire l'immagine degli occhi nella coda del pavone, animale che divenne così a lei molto caro. Questo nome, Argo, venne utilizzato anche per la nave degli Argonauti, partiti alla volta del Vello d'oro e per il cane di Ulisse.

ARIANNA

Figlia di Minosse, re di Creta, e di Pasifae, si innamorò di Teseo, eroe giunto a Creta da Atene per uccidere lo spaventoso Minotauro confinato nel labirinto. Per aiutare Teseo, Arianna si fece svelare da Dedalo il modo per uscire dal labirinto dopo aver ucciso il Minotauro. Teseo riuscì a venire fuori attraverso un gomitolo di filo. Successivamente Arianna si diede alla fuga con Teseo per raggiungere Atene e sottrarsi alle ire paterne. Durante uno scalo all'isola di Nasso, Teseo, forse perché innamorato di un'altra donna, forse per ordine degli dei o probabilmente per una semplice disattenzione, lasciò Arianna sull'isola.

Da Arianna "piantata a Nasso" nasce il detto "essere piantati in asso". Arianna successivamente ricevette l'amore del dio Dioniso, che la sposò portandola con se sull'Olimpo.

ATLANTE

Atlante è un gigante, nonno di Mercurio e padre della ninfa Maia. Secondo la leggenda, poiché aveva preso parte all'insurrezione dei giganti contro Giove, fu per questo condannato a sostenere il cielo che, secondo Omero, reggeva attraverso due colonne poste al centro dell'Oceano Atlantico. Si narra che Atlante aiutò Ercole nel superamento dell'undicesima fatica che corrispondeva al raccogliere le tre mele d'oro dal giardino delle Esperidi. Proprio per raccogliere i tre frutti, Atlante, lasciò ad Ercole il peso del cielo. Ma argutamente il gigante una volta liberatosi di quel peso, non volle più accollarselo. Per liberarsene a sua volta, Ercole dovette fingersi sconfitto, chiedendo così ad Atlante di aiutarlo a sistemare il guanciale e di riprendersi per un attimo il peso del cielo. Non sospettando dell'inganno, l'ingenuo Atlante, riprese il cielo permettendo così ad Ercole di allontanarsi repentinamente. Si narra anche di quando Perseo mostrò ad Atlante la testa di Medusa trasformandolo così in fredda roccia.

B

BACCO O DIONISO

Dioniso, figlio di Zeus e di Semele, è il dio del vino e della forza vitale, capace attraverso l'ebbrezza di far perdere la ragione agli uomini. Semele, come tutte le amanti di Zeus, fu incalzata dalla gelosia di Giunone nutrita verso le rivali in amore. Per liberarsi della donna e del figlio (Dioniso) che portava in grembo, stavolta Giunone, giocando d'astuzia, invitò Semele ad osservare Giove in tutto il suo potente splendore. L'ingenua donna seguì quell'invito che, però, fu letale. Era noto che nessuna donna mortale potesse sopravvivere alla vista di Giove e delle saette che gli balenavano intorno. Quindi Semele, osando questo, morì fulminata. Per salvare il figlio che aveva in grembo, Zeus le aprì l'utero e prese Bacco che ancora non era maturo per nascere. Per permettere la maturazione del feto prematuro se lo impiantò in una coscia, ricucendosi la ferita e mantenendolo tra i muscoli dell'arto inferiore fino alla nascita. Essendo stato partorito due volte si narra, appunto, che Bacco fosse nato due volte. Perseguitato da Giunone fu costretto a rifugiarsi in Africa e in Asia trovando in quelle terre molti seguaci fedeli, in particolare donne, che lo accompagnavano in tumultuose processioni. Si dimostrò malvagio verso chi gli si opponeva, ma generoso verso i suoi cultori, tra cui Mida. Si narra che Bacco sia stato l'inventore della coltivazione della vite. Aveva la facoltà di trasformare se stesso e gli altri in animali, come quando, catturato dai pirati, prese le sembianze di un leone.

C

CENTAURI

I Centauri erano creature metà uomini e metà cavalli che vivevano nelle montagne e nelle foreste, nutrendosi di carne cruda. I loro costumi erano brutali. Secondo la leggenda nacquero dall'unione di Issone e della nuvola Nefele, alla quale Zeus aveva dato le sembianze di Giunone. Combatterono con Eracle e i Lapiti, i quali li scacciarono dalla Tessaglia. Tra le leggende che li narrano ricordiamo Chirone che fu il maestro di diversi eroi tra cui Ercole, Giasone, Enea ed Achille.

CRETA

Creta è un'ampia isola del mar Mediterraneo, collocata poco distante dall'Asia, dall'Africa e dall'Europa. Su quest'isola hanno preso vita la maggior parte delle divinità. Scavi archeologici hanno svelato che Creta fosse altamente civilizzata già duemila anni avanti Cristo, parallelamente alla prosperità delle città di Cnosso e Festo. Il leggendario re di Creta fu Minosse.

CUPIDO, EROS O AMORE

Figlio di Marte e di Afrodite, è rappresentato come un giovane armato d'arco, infallibile nel colpire al cuore dei ed umani facendo così scoccare l'amore. Di frequente è ritratto con una benda sugli occhi, simbolo che segnala quanto l'illusione amorosa non mostri i difetti della persona amata. Si narra che appena nato, a Giove bastò guardarlo in fasce e nel viso per capire che quel piccolo sarebbe stato fonte di guai infiniti per molti. Così Giove invitò la madre a disfarsi del piccolo, ma Venere, invece di ucciderlo, lo abbandonò nel bosco dove fu allattato dagli animali feroci. Dal carattere irriverente, Cupido, autonomamente si costruì l'arco e si esercitò nel suo uso colpendo le stesse fiere che lo avevano nutrito. Da adulto, invece, non ebbe remore a scagliare le sue frecce contro alcune divinità dell'Olimpo e tra queste anche la madre Afrodite.

D

DEDALO

Dedalo era un abilissimo artigiano, fabbro ed ingegnere, inventore anche di giocattoli e burattini meccanici. Si racconta che, per gelosia e per paura di essere superato in bravura, uccise suo nipote Talo. La tradizione narra che lo spinse giù dal cornicione del tempio di Atena. Il delitto fu presto scoperto e l'artigiano fu esiliato. Accettando l'ospitalità del re Minosse si rifugiò a Creta. Lì costruì il labirinto dove Minosse rinchiuse il Minotauro. In seguito, svelò ad Arianna il segreto con cui Teseo avrebbe ritrovato la via d'uscita dal labirinto. Questo provocò le ire del re cretese. Si narra che fu imprigionato, con il figlio Icaro, nel labirinto (quindi intrappolato in un qualcosa frutto della sua stessa mente).

DIANA O ARTEMIDE

Dea della luna e della caccia, Diana fu identificata dai romani con la greca Artemide. Figlia di Giove e Latona, sorella gemella di Apollo (il Sole). Ottenne dal padre di regnare sulla natura e sul mondo animale, divenne protettrice dei neonati e dei cuccioli. Le venivano offerte dai cacciatori le corna e le pelli degli animali cacciati. Quando il prode Agamennone uccise la cerva a lei sacra, ella si vendicò sino ad ottenere soddisfazione.

DISCORDIA O ERIS

Discordia, Eris per i greci, è la divinità della discordia connessa al culto di Marte del quale era anche fedele ancella. Ovunque passasse provocava litigi e dissidi. Era madre di due terribili figli, chiamati: Spavento e Terrore. Discordia fu cacciata dall'Olimpo poiché seminava zizzania tra gli dei. Per vendicarsi, Eris, lanciò sul banchetto nuziale di Peleo e Teti, una mela d'oro destinata alla dea più bella, provocando la nota disputa tra Minerva, Venere e Giunone che si concluse con il verdetto di Paride. Da questo evento si sviluppò la guerra di Troia.

E

ECO

Eco è ninfa di boschi e sorgenti. Le leggende su di lei tentano di dare spiegazione al fenomeno fisico dell'eco. Si narra che la ninfa avesse favorito alcuni tradimenti di Giove, intrattenendo Giunone con durevoli racconti. Per questo, una volta scoperta la finalità delle sue narrazioni, le fu impedito, da Giunone, l'utilizzo della voce. Le rimase solo la facoltà di ripetere le ultime parole che venivano pronunciate da terzi. Altri racconti enfatizzano quanto le costò caro il rifiuto dell'amore di Pan, che non vedendosi ricambiato la fece uccidere da alcuni pastori. In opposizione a questa leggenda vi è quella dove Eco, non sentendosi ricambiata nell'amore da Narciso, per la profonda delusione, cominciò a logorarsi fino a sparire del tutto ad eccezione della sua voce.

EDIPO

Figlio di Laio, re di Tebe e di Giocasta. Un oracolo predisse che una volta adulto avrebbe ucciso il padre e per questo, poco dopo la nascita, fu allontanato dal regno. Edipo visse a Corinto credendo di essere il figlio del re proprio di quella città. Una volta adulto venne a conoscenza della profezia e proprio per evitare di uccidere l'uomo che erroneamente credeva essere suo padre, lasciò Corinto. Casualmente, presso Delfi, si trovò a discutere, litigare e combattere con Laio, uccidendolo. Giunto a Tebe uccise la mostruosa Sfinge, cacciatrice di uomini. Per aver liberato la città dal mostro, Giocasta gli concesse la sua mano, ignorando d'essere sua madre. Una volta emersa la verità Giocasta si uccise, mentre Edipo si tolse la vista accecandosi, per il dolore.

EGEO

Egeo fu il decimo re di Atene. Recandosi a Trezene per consultare un oracolo conobbe e amò Etra. Si narra che dalla loro unione nacque Teseo, ma dopo il parto Egeo fu costretto da Pitteo, padre di Etra, ad abbandonare subito la donna. Prima d'intraprendere il viaggio, Egeo nascose la sua spada sotto un macigno. Il re strappò ad Etra la promessa che quando il figlio fosse cresciuto abbastanza da sollevare la grossa pietra lo avrebbe mandato ad Atene con la spada paterna, in modo da farsi riconoscere. Teseo, intorno ai sedici anni, riuscì a sollevare il macigno, prese la spada e si recò alla ricerca del padre. Così Egeo riconobbe suo figlio. Successivamente Teseo partì per andare ad uccidere il Minotauro promettendo al padre che, se avesse compiuto la sua missione, avrebbe sostituito le vele nere della sua nave con altre di colore bianco. Nel tornare, dopo la vittoria, omise di cambiare le vele e così Egeo, vedendo da una rupe tornare la nave di Teseo con le vele nere, credette che il figlio fosse morto e che avesse fallito la sua impresa. A questo, per la disperazione, si gettò nel mare. Egeo non sopravvisse al precipitare e morì in quelle acque. Gli dei, mossi a compassione, diedero al mare il suo nome. Il mar Egeo veniva, in precedenza, chiamato "Arcipelago". Tale nome stava ad indicare la numerosa presenza di isole che lo caratterizzavano.

ELENA

Elena, figlia di Leda e di Zeus, era talmente bella da essere ritenuta la donna più bella del mondo antico. Sposò Menelào che divenne re di Sparta. Si narra che quando il marito si recò a Creta, Elena venne rapita da Paride e da qui, secondo Omero, prese origine la guerra di Troia. Successivamente, Elena amò Deifobo fratello dell'ormai morto Paride, per poi abbandonarlo e far ritorno da Menelào, a Sparta. Morto Menelào, fu cacciata dai suoi figli giungendo a Rodi, dove trovò la morte ad opera dalla regina Polisso, che la fece impiccare, per vendicare tutti gli eroi che per causa sua avevano perso la vita.

ENEA

Figlio del mortale Anchise e della bella Venere, sposò Creusa, sorella di Paride e figlia di Priamo, divenendo per questo principe di Troia. Le sue gesta sono sancite dalle parole di Virgilio nell'Eneide, dove si narra che inizialmente non partecipò alla guerra di Troia poiché non condivise il rapimento di Elena da parte di Paride. Dovette, però, prendere parte alla guerra dopo che, sul monte Ida, ricevette l'attacco da parte di Achille. Combatté anche al fianco di Ettore, riuscendo a mettere in fuga moltitudini di Greci. Ma appena Troia fu incendiata, Enea si vide costretto a darsi alla fuga, portando con se Anchise e il figlio Ascanio. Proprio il figlio, successivamente, fonderà la città di Alba Longa dalla quale discenderanno Romolo e Remo e il popolo romano.

EPAFO

Figlio di Io e di Giove, fu perseguitato da Giunone come tutti gli altri figliastri. Per salvarlo dall'ira di Giunone, la madre lo affidò ai Cureti. Essi lo nascosero talmente bene che Io non riuscì a ritrovarlo costringendo Giove a sterminarli per riavere il figlio. Trovato Epafo fu riportato in Egitto, sua terra natale. Successivamente sposò Menfi, figlia del fiume e dio Nilo. Dalla loro unione nacque la figlia Libia. Epafo non credeva che Fetonte fosse figlio di Apollo. Per dimostrare le sue ragioni, Fetonte, con imprudenza, prese temporaneamente dal padre il carro del Sole ma non seppe tenerne le redini e morì fulminato da Giove. Il suo corpo colpito cadde dal cielo e le sorelle gli diedero sepoltura. Queste, inconsolabili, piansero per quattro lunghi mesi presso il fiume Eridano (l'attuale Po).

ERA O GIUNONE

Giunone, per i latini Era, fu l'unica sposa legittima di Giove. Dalla loro unione nacquero Marte, dio della guerra, Vulcano, dio del fuoco, Ilizia, dea dei parti ed Ebe, espressione della giovinezza. Giunone, nonostante i vari tradimenti di Giove, è considerata protettrice delle spose e dei matrimoni. L'infedeltà del consorte la rese gelosa e spesso vendicativa verso le amanti e i figli illegittimi di Giove. La sua ira ebbe grande rilevanza nella guerra di Troia in quanto si schierò contro i troiani per punire Paride. Quest'ultimo aveva insignito Venere quale somma bellezza, al fine di ottenerne favori per arrivare all'amore di Elena.

ERCOLE o ERACLE

Ercole è figlio di Zeus e di Alcmena e come tale fu perseguitato da Giunone in quanto prova dell'ennesimo tradimento del marito. In un istante di follia, causato proprio da Giunone, uccise moglie e figli e per porre rimedio agli efferati delitti, si trovò a dover compiere dodici fatiche, che gli furono imposte da Euristeo, re di Micene. Le note dodici fatiche furono: 1) Uccidere il feroce e invulnerabile leone di Nemea e portare la sua pelle come trofeo; 2) Uccidere l'Idra di Lerna, mostro immortale avente sette teste; 3) Catturare la cerva di Cerinea, avente piedi di rame e corna d'oro, sacra a Diana; 4) Catturare il cinghiale di Erimanto che deturpava le terre d'Arcadia; 5) Pulitura, in un solo giorno, delle stalle di Augia, dal letame accumulato in oltre trent'anni; 6) Disperdere gli uccelli del lago Stinfalo, dotati di artigli e becco di bronzo; 7) Catturare il toro di Creta offerto in dono da Nettuno a Minosse; 8) Rubare le cavalle del crudele Diomede, nutrite con carne umana; 9) Conquistare la cintura di Ippolita, regina delle Amazzoni, donata da Marte; 10) Rubare i buoi di Gerione, gigante e nipote di Medusa; 11) Derubare i pomi d'oro dal giardino delle figlie di Atlante, le Esperidi; 12) Catturare Cerbero, il cane a tre teste guardiano dell'Ade e portarlo vivo a Micene.

ETTORE

Figlio primogenito di Priamo, re di Troia, fu il più valoroso dei combattenti troiani, riuscì addirittura a dar fuoco alle imbarcazioni dei Greci. Omero lo utilizza nell'Iliade come antagonista. Affronta i nemici in nome della sua gente e della sua patria. In combattimento uccise Patroclo con indosso le armi di Achille. Ettore venne ucciso da Achille che poi legò il corpo privo di vita al suo carro per trascinarlo come trofeo lungo le mura di Troia. Per fare in modo che Achille restituisse il corpo di Ettore a Priamo fu indispensabile l'intervento di Giove. Al corpo di Ettore, ritornato in patria, spettarono nobili esequie la cui narrazione conclude l'Iliade in modo solenne.

EURIDICE

Nella mitologia greca, Euridice è una ninfa o meglio una Driade. Moglie di Orfeo, per alcuni, fu morsa da un serpente in un prato, per Ovidio e Virgilio, il morso avvenne nello scappare dall'insistente corte di Aristeo. La sua morte gettò Orfeo in una profonda disperazione che interessò anche le sue canzoni. Il suo canto disperato commosse le ninfe e gli dei al punto che gli fu concesso di scendere nel regno dei morti per tentare di convincere Ade e Persefone a far tornare in vita Euridice. Ade e Persefone concesserò ad

Euridice di tornare nel mondo dei vivi ma a condizione che Orfeo procedesse davanti a lei senza voltarsi e guardarla finché non fossero usciti alla luce solare. Ma durante il tragitto Orfeo, non udendo i passi dell'amata, preoccupato che non ci fosse più, si voltò per guardare se lo stesse ancora seguendo e, di colpo, vide l'anima di Euridice sprofondare definitivamente nell'Ade. In ambito musicale, la storia di Orfeo ed Euridice è stata anche il primo soggetto operistico musicato da Monteverdi.

F

FAUSTOLO

Faustolo è il pastore che trovò Romolo e Remo, raccogliendoli ed allevandoli insieme a sua moglie Acca Larenzia. Si narra che, il prodigo Faustolo, fu ucciso proprio da Romolo e Remo mentre cercava di fargli fare pace durante una lotta.

FORTUNA

Fortuna è, per i romani, la dea bendata del destino. Raffigurata spesso cieca e con tra le mani il corno dell'abbondanza. Alcuni le associano anche l'immagine simbolica del timone che indicherebbe la sua capacità di dirigere la vita degli esseri umani.

G

GIOVE O ZEUS

Jupiter, Giove o Zeus è considerato il padre della seconda generazione degli dei, dio sommo dell'Olimpo e signore dei fulmini. Figlio del dio Saturno e della titana Rea. La madre dovette sottrarlo dalle fauci di Saturno, che intendeva divorarlo. Rea riuscì a salvarlo portandolo in una grotta del monte Ditteo, nutrendolo con il latte della capra Amaltea. Da adulto, con l'ausilio di Meti e della sua prudenza, insorse contro il padre riuscendo ad usurpargli il trono. Sceglie come sua sposa Giunone, dea della maternità e del matrimonio, che spesso tradisce. Dalle tante unioni nacquero molti figli tra cui, le Muse, Apollo, Artemide, Efesto, Apollo, Dioniso, Minosse, Eracle, Persefone e le Ore. Gli venivano offerti in sacrificio tori bianchi, in modo particolare dai vincitori delle guerre. Gli imperatori romani si ponevano sotto la sua protezione ed alcuni di essi asserivano di esserne la reincarnazione. Dalla sua volontà e dal suo umore dipendevano anche i fenomeni atmosferici come neve, pioggia, tempeste e fulmini.

GORGONI

Le Gorgoni erano le bruttissime figlie delle divinità marine Forcide e Ceto. I loro nomi erano Steno, Euriale e Medusa. Solo le prime due, però, erano immortali mentre Medusa, la più orribile di tutte, era l'unica mortale. Erano anche sorelle delle ancor più brutte Graie. Le Gorgoni si presentavano come creature caratterizzate da un corpo squamoso, dotato di ali, con serpenti al posto dei capelli. La loro vita si svolgeva in un luogo allocato nei pressi del regno dell'Ade. Chiunque incrociasse il loro sguardo veniva trasformato in pietra e, per questo, erano molto temute tanto dagli uomini quanto dalle divinità. Solo il dio Nettuno ebbe il coraggio di unirsi a Medusa mettendo al mondo il cavallo Pegaso e il gigante Crisaore.

GRAIE

Figlie di Forcide e di Ceto, le tre Graie si chiamavano Enio, Efredo e Dino. La leggenda narra che nacquero già vecchie, possedendo un solo occhio, in tre, e un solo dente che si dividevano a turno. Vivevano nel paese della notte, dove non splendeva mai la luce del Sole ed erano deputate a sbarrare la strada a coloro che volessero raggiungere le loro sorelle, le Gorgoni. Furono costrette a rivelare a Perseo, che s'impadronì del

Paolofabrizio De Luca

loro unico occhio, come fare per raggiungere Medusa.

I

ICARO

I suoi genitori sono Dedalo e Naucrate, schiava di Minosse. Si narra che in seguito all'uccisione del Minotauro ed all'evasione di Teseo dal labirinto, Icaro, fu rinchiuso, insieme al padre, all'interno della struttura. Padre e figlio per fuggire costruirono delle ali, utilizzando piume e cera. Ma, mentre Dedalo arrivò sano e salvo in Sicilia, Icaro, durante il volo, si avvicinò troppo al Sole che sciolse la cera delle sue ali e lo fece precipitare in mare, dove annegò.

IO

Principessa della stirpe reale di Argo e sacerdotessa di Era. La sua particolare bellezza suscitò l'interesse di Giove e poi l'ira puntuale di Era. Alla base del loro amore sembra esserci stato un incantesimo emanato da Iunce, figlia della ninfa Eco e di Pan. Dal loro amore nacque Epafo, che divenne poi re dell'Egitto. Altri narrano che Io, in un sogno, ricevette l'indicazione di recarsi sulle rive del lago di Lerna per concedersi a Giove. Io raccontò il sogno a suo padre Inaco che, non sapendo cosa fare, a sua volta si rivolse agli oracoli. Questi risposero di far sì che il sogno si

Paolofabrizio De Luca

realizzasse poiché diversamente, la principessa, sarebbe stata fulminata insieme a suo padre ed alla sua famiglia. Consumato il tradimento, per salvarla dalla vendetta di sua moglie, Giove, trasformò Io in una giovenca. Ma Era non si lasciò ingannare catturandola e facendola custodire dal mostruoso Argo. Però, liberata da Ermes, trovò rifugio in Asia passando per lo stretto di Bosforo, chiamato così proprio in seguito a tale passaggio per indicare il "guado della giovenca".

L

LABIRINTO

Il labirinto è simbolo quanto mai attuale. Consisteva in una trappola letale, un palazzo dal quale era pressoché impossibile fuoriuscire. Addentrandosi all'interno diventava sempre più intricato e privo di riferimenti. Il primo fu costruito da Dedalo su commissione di Minosse con lo scopo di contenere il terribile Minotauro.

Paolofabrizio De Luca

M

MAIA

Figlia di Atlante e Pleione, Maia era una ninfa del monte Cillene. Si unì con Zeus e diede così vita al loro figlio Ermes. Simboleggiava la primavera, in quanto stagione fertile, per le abbondanti e determinanti piogge. Si pensa che da lei ha preso il nome il mese di Maggio. Considerata la più bella delle Pleiadi, insieme alle sue simili sorelle, venne trasformata in una stella del firmamento.

MARTE O ARES

La leggenda vuole Marte figlio di Giove e Giunone. Marte è il dio della selvaggia guerra ed è il corrispettivo del greco Ares. Nella famosa guerra di Troia, Marte, adottò un'ottica neutrale partecipandovi con Terrore e Spavento, figli di Discordia. Il suo cuore fu sensibile a Venere che, secondo Omero, amò. Deve il suo nome al mese di marzo, periodo nel quale iniziava la stagione delle guerre, in corrispondenza all'avvento della primavera. Per lo stesso motivo era per i romani anche il dio della primavera e della giovinezza. I Sabini, popolo romano, dedicarono a Marte giovani combattenti che, per mancanza di beni, erano costretti a lasciare la città natale per cercare fortuna. L'esodo della "Ver Sacrum", corrispondente all'abbandono del luogo natio, era accompagnato simbolicamente sempre da un lupo e da qui si genera la leggenda che vede Marte padre di Romolo e Remo, allattati poi da una lupa.

MEDEA

Medea è la maga, figlia del re della Colchide e della oceanina Idia, per alcuni anche nipote di Apollo e della maga Circe. Dopo essersi fatta promettere da Giasone di sposarla lo aiutò nella conquista del Vello d'oro. In seguito al matrimonio Giasone, stanco delle cattiverie della moglie-maga, s'innamorò della figlia di Creonte, la principessa Glauce. Per vendicarsi, Medea uccise la rivale ed i propri figli, per poi fuggire ad Atene, muovendosi su un carro magico. Ad Atene si fece prendere in moglie dal re Egeo cercando, in seguito, di uccidere il figlio Teseo, ma il suo piano fu smascherato e la maga venne scacciata dalla città.

MEDUSA

Medusa è una delle tre sorelle Gorgoni, figlie delle divinità marine Forcide e Ceto. Si narra che Medusa, originariamente, fosse un'incantevole donna con splendidi capelli, invidiata addirittura da Minerva. S'innamorò di lei il marino Nettuno che per possederla l'attirò nel tempio di Minerva, ma la dea, arrabbiata per la profanazione del tempio a lei consacrato e per il vanto della Gorgone, trasformò i capelli di Medusa in grovigli di serpenti. In aggiunta, Medusa, ricevette il terribile potere di pietrificare chiunque la guardasse. L'unico che riuscì ad affrontarla fu Perseo che le tagliò il capo uccidendola.

MERCURIO O ERMES

Mercurio per i romani, corrisponde ad Ermes per i greci. Figlio di Zeus e della ninfa Maia, è considerato il messaggero degli dei. Arguto d'ingegno, è protettore di commercianti, viaggiatori e ladruncoli. Ermes, da piccolo, riuscì argutamente a rubare alcuni buoi affidati al dio Apollo. Tra i suoi simboli caratteristici vi sono i calzari alati, il petaso e il caduceo. Si narra avesse anche facoltà di accompagnare i morti all'Ade.

MIDA

Mida, re macedone di Bromio, racchiude il simbolo del contatto che trasforma ossia il "tocco". La leggenda racconta che Mida avesse aiutato il vecchio Sileno, un satiro, nel raggiungere il dio

Bacco. Quest'ultimo per riconoscenza promise al re di esaudire uno qualsiasi dei suoi desideri. Mida chiese il potere di trasformare in oro tutto ciò che toccava, ritenendo che così sarebbe diventato tanto ricco quanto potente. Il desiderio venne subito esaudito ma, quando Mida ebbe fame, si accorse che anche ogni cibo sfiorato si trasformava in oro. Così, Mida, capì che senza potersi nutrire sarebbe presto morto per la fame. Senza alternative, il re macedone implorò il dio del vino di annullare il potere concessogli. Bacco esaudì la richiesta indicandogli di bagnarsi nelle acque del fiume Pattolo. Mida seguì la prescrizione e il "tocco magico" fu annullato, trasferendo il potere di produrre oro alle acque del fiume, il cui fondo sabbioso divenne ricco dell'elemento più prezioso.

MINERVA O ATENA

Dea della ragione, figlia di Giove e di Meti, Minerva è anche divinità della sapienza e dell'ingegno, essendo nata dalla testa del padre. Secondo la leggenda, quando la madre rimase incinta fu rivelato a Giove che da lei sarebbe nata una figlia e poi un figlio la cui fama avrebbe oscurato quella del padre. Per evitare l'avverarsi della profezia, Giove ingoiò Meti completamente. In qualche modo giunse ugualmente il momento del parto e Giove fu preso da un notevole mal di testa. Il dolore era così forte che Giove dovette ordinare a Vulcano di aprirgliela con un colpo d'ascia. Dall'apertura della testa fuoriuscì Minerva con le sue armi. Identificata dai latini con la greca Atena, la dea guidava gli eroi nella battaglia ma, diversamente da Marte, crudele dio della guerra, lei ispirava soprattutto eque decisioni. Infatti, secondo Omero, intervenne nella guerra di Troia per placare la diatriba tra Achille ed Agamennone. Inoltre, in più occasioni, protesse il suo principale seguace Ulisse, eroe dell'ingegno. Atena partecipò anche alla celebre contesa con Giunone e Venere nella vicenda del pomo della discordia.

MINOSSE

Figlio di Giove e di Europa, venne allevato dal re di Creta Asterione. Minosse sposò Pasifae, dalla quale ebbe diversi figli, tra cui Arianna. Secondo la leggenda, Minosse, fu un re molto saggio al punto che alcuni pensarono che le sue leggi fossero state direttamente suggerite da Zeus. Per regnare su Creta promise di offrire a Nettuno un particolare toro ma, ottenuto il regno, non volle più sacrificare l'animale al fine di conservarlo per i suoi allevamenti. Il mancato onore alla promessa scatenò l'ira del re del mare il quale rese il toro così furioso che, per ucciderlo, Minosse dovette ricorrere all'intervento di Ercole. Altre leggende asseriscono che Poseidone si vendicò facendo nascere dall'unione di Pasifae con un toro un mostro, il Minotauro, che fece tanto vergognare Minosse da costringerlo a chiuderlo nel labirinto. Ma sconfitta Atene, dopo l'uccisione del figlio Androgeo, il vincitore Minosse pretese un sacrificio dagli sconfitti. Sette fanciulli e sette fanciulle, tutti ateniesi, andavano sacrificati al Minotauro. Minosse, divenne così uno dei giudici infernali.

MINOTAURO

Il Minotauro è una creatura mostruosa con il corpo da uomo e la testa di un toro, che si nutriva di carne umana. Figlio della moglie di Minosse, Pasifae, e di un toro inviato da Poseidone. Per nasconderlo e rinchiuderlo, Minosse fece costruire da Dedalo un labirinto. Il Minotauro si nutriva di carne umana e per questo gli venivano sacrificati quattordici giovani, di cui sette maschi e sette femmine. Quando gli ateniesi uccisero Androgeo, figlio del re Minosse, quest'ultimo mosse guerra ad Atene. Dopo la vittoria, Minosse pretese che fossero gli stessi sconfitti ateniesi a consegnare, periodicamente, i giovani da immolare al mostro.

MORFEO

Morfeo è uno dei tanti figli del Sonno, dotato di possenti ali capaci di trasportarlo, rapidamente, da un punto all'altro della Terra. È considerato il dio dei sogni per la sua capacità ad indurli con il solo sfiorare di un mazzo di papaveri sulle palpebre di colui che dorme. È accompagnato, generalmente, da folletti che rappresentano simbolicamente le illusioni. Il suo nome deriva dalla parola di origine greche: "forma". Morfeo era in grado di cambiare forma e di assumere anche sembianze umane per mostrarsi agli uomini addormentati durante i loro sogni.

N

NETTUNO O POSEIDONE

Nettuno, corrisponde al greco Poseidone, ed è il dio del mare. Fratello di Giove e di Ade, era caratterizzato da un carattere veemente e collerico. I suoi numerosi figli si rivelavano mostruosi e violenti. Sposò Anfitrite ma amò anche altre, come Demetra e Medusa. Dall'unione con Toosa nacque Polifemo, il noto ciclope che venne accecato da Ulisse. Invece con Medusa, la Gorgone vittima di Perseo, Poseidone ebbe Crisaore, un terribile gigante. Si dimostrò generoso quando aiutò Latona, perseguitata da Giunone, a trovare protezione nell'isola vagante di Delo. Nettuno le venne in aiuto rendendo l'isola stabile fissandola al fondo con delle colonne. Fu d'ausilio anche ad Apollo nel risollevare le disastrate mura di Troia. Nell'iconografia viene spesso rappresentato con il suo scettro consistente in un tridente, sul suo carro attorniato da delfini, pesci e dalle più svariate creature del mare.

NINFE

Le Ninfe erano giovani donne, molto belle ed affascinanti, personificazioni delle forze della natura, vivevano presso corsi d'acqua, fonti, boschi, campi, monti, foreste ed anche nel mare. La loro esistenza trascorreva armoniosamente in attività come il tessere, il danzare e il cantare. Alcuni asseriscono che siano figlie di Zeus. A seconda della loro provenienza avevano, come per Omero, nomi diversi. Tra esse troviamo: le Orestiadi, ninfe delle montagne; le Naiadi, ninfe delle sorgenti; le Meliadi, ninfe dei frassini; le Driadi, ninfe degli alberi; le Cure, ninfe che nutrivano i neonati. Tra le più conosciute si rammentano: Eco, presente nel mito di Narciso; Maia, madre di Mercurio; Siringa, ninfa amata da Pan. Le Ninfe erano solite accompagnare alcune divinità, ad esempio seguivano Diana nella caccia e Apollo che si spostava con il suo carro. Erano anche accompagnatrici dei Satiri e da questo deriverebbe la tendenza della ninfomania.

O

OLIMPO

Alto poco meno di 3.000 metri, l'Olimpo, è la vetta più alta di una catena montuosa situata tra la Macedonia e la Tessaglia, nei pressi del Mar Egeo. La sua cima perennemente avvolta da nubi e offuscata dagli sguardi degli uomini, secondo Omero "non disturbata dai venti e piogge", era ritenuta, dagli antichi Greci, la residenza terrena degli dei. Inizialmente, avevano dimora sulla vetta le dodici divinità olimpiche: Zeus (Giove), Era (Giunone), Poseidone (Nettuno), Ares (Marte), Ermes (Mercurio), Efesto (Vulcano), Afrodite (Venere), Atena (Minerva), Artemide (Diana), Demetra (Cerere), Estia (Vesta), Apollo. Successivamente Estia, preferendo vivere tra gli uomini, lascerà la sua dimora olimpica a Dioniso (Bacco), mentre Demetra deciderà, per sei mesi all'anno, di abitare nell'Ade vicino alla figlia Persefone. È simbolico anche il numero degli Olimpi, ossia il 12. Tale cifra, riferita agli anni d'età, indica, in alcune culture, l'avvento della pubertà, cioè quell'evento di trasformazione radicale, indispensabile per la crescita, l'individuazione e il passaggio all'età adulta. Il 12 simboleggia, quindi, i passaggi difficoltosi, gli ostacoli e gli enigmi. Sono dodici anche i segni dello Zodiaco, le vertebre toraciche, le coppie dei nervi cranici e delle costole. Inoltre saranno dodici anche gli apostoli scelti da Gesù Cristo.

OMERO

È considerato il sommo poeta dell'antichità greca. Autore, quasi indiscusso, dei poemi epici dell'Iliade e dell'Odissea. La tradizione lo presenta come vecchio, cieco e vagabondo. Il suo nome significa "colui che non vede", la cecità è simbolo di doti profetiche e anche di sacralità. Non possediamo certezze sulle sue origini, infatti, per alcuni è nato presso il fiume di Méleisio, per altri a Smirne. Molti lo collocano circa trecento anni dopo la distruzione di Troia, circa mille anni prima di Cristo. Si può dire che in Omero si sintetizzi tutta la religione olimpica. La religione omerica si caratterizza per l'antropomorfismo, la mancanza di una cultura dell'aldilà, lo zoomorfismo, l'assenza di un contatto diretto con le divinità e per l'assenza di una punizione divina. L'uomo omerico è costituito da parti diverse: il soffio vitale (psychè), il sòma (corpo), il centro affettivo (thymòs), il centro razionale (fren) e l'intelligenza (nùs). Queste caratteristiche impostano anche la descrizione dell'eroe omerico che fonda il riconoscimento del proprio valore sulla considerazione che la società ha di lui.

P

PAN

Pan nasce dall'unione di Mercurio con la ninfa Penelope. È dio dei greggi e della natura selvaggia e istintuale. Aveva le corna sulla fronte e i piedi caprini che lo rendevano prodigiosamente agile tra le rocce e i cespugli. Adorava vagare e danzare per le selve e i boschi insieme alle Ninfe. Suonava il suo flauto, costruito con le canne che udì lamentarsi nel punto dove era sparita l'amata Siringa, ninfa d'Arcadia. Si narra che quando nacque, la madre, inorridita dal suo aspetto, decise di portarlo all'Olimpo. Sul divino monte gli déi, principalmente Dioniso, rimasero colpiti dalla sua particolarità e, trovandolo molto divertente, lo accolsero chiamandolo "Pan", che in greco esprime il termine "tutto".

PARIDE

Figlio di Ecuba e di Priamo, il re di Troia, Paride era un uomo particolarmente bello. Una terribile profezia, che precedette la sua nascita, preannunciava che proprio Paride avrebbe provocato la rovina di Troia. Per evitare la realizzazione della previsione fu suggerito a sua madre, Ecuba, di farlo morire. La madre non riuscì a farlo uccidere e lo abbandonò sul monte Ida, dove fu allevato da un'orsa o forse da dei pastori. Paride, ben nutrito, divenne molto forte. Una volta adulto ritornò a Troia dove Priamo, che lo credeva morto, lo accettò nel suo regno. Quando Zeus lo elesse giudice per decidere chi fosse la dea più bella tra Giunone, Minerva e Venere, Paride assegnò il primato proprio a quest'ultima che, in cambio, gli aveva promesso l'amore di Elena. Questo fece in modo che la profezia si avverasse poiché, proprio il rapimento di Elena, che era sposa di Menelao, provocò la guerra di Troia che portò alla sua stessa distruzione. Durante la guerra Paride non dimostrò alcun coraggio, venendo sconfitto in duello da Menelao. Fu però salvato da Venere che lo occultò attraverso una fitta nuvola. In seguito servì che il fratello Ettore quasi lo obbligasse a prendere parte alla battaglia. Paride riuscì a colpire ed uccidere Achille attraverso una freccia guidata da Apollo, che si conficcò proprio nel tallone, unico punto vulnerabile dell'eroe.

PEGASO

Pegaso è il cavallo alato adorato dalle Muse per aver fatto sgorgare dal suolo una fonte sorgiva presso la quale esse si radunavano per dilettarsi con il canto e la danza. Figlio di Nettuno e di Medusa, nacque insieme al gigante Crisaore dal sangue della madre che fu decapitata da Perseo. Si narra che fu catturato da Minerva. La dea, successivamente, lo consegnò all'eroe Bellerofonte, che fu in grado di domarlo. Infine, Pegaso arrivò all'Olimpo divenendo ausilio per Giove nel trasporto dei fulmini.

PELEO

Re di Ftia, figlio di Eaco e di Endeide, prese in sposa Teti. Alle loro nozze parteciparono tutte le divinità dell'Olimpo, tranne Eris. Ma, durante la cerimonia, la dea Discordia, l'unica a non essere invitata, lanciò sul banchetto nuziale il pomo d'oro destinato alla più bella, causando la famosa diatriba tra Giunone, Minerva e Venere. Peleo e Teti ebbero sette figli e tra questi misero al mondo Achille. Teti era solita ustionare le membra dei propri figli, per renderli immortali. Ma con Achille, durante il rito, Peleo s'intromise e così la magia non interessò il tallone che rimase così la parte vulnerabile. Risentita, Teti abbandonò il marito tornandosene nella sua domus marina e chiamando il figlio "Achille", proprio per indicare il fatto che non aveva posato le labbra sul suo seno e non si era nutrito con il suo latte. Quando Achille incontrò Priamo, che fisicamente gli ricordava proprio il padre Peleo, si commosse e restituì al re troiano il corpo senza vita del figlio Ettore.

PERSEO

Perseo, figlio di Danae e di Zeus, era nipote del re di Argo, Acrisio. Si narra che fu predetto ad Acrisio che se Danae avesse avuto un figlio, quest'ultimo successivamente lo avrebbe detronizzato e ucciso. Per evitare che la profezia si compisse, Acrisio confinò la figlia in una stanza corazzata impedendo a chiunque di avvicinarsi ed entrarne all'interno. Zeus, però, invaghitosi di Danae, trasformandosi in una pioggia d'oro riuscì ad entrare nella prigione e a possedere la bella. In questo modo nacque Perseo, che fu allevato da un pescatore nell'isola di Serifo. Per ubbidienza al re Polidette, Perseo, uccise Medusa con l'aiuto di Atena e di Ermes. Si trovò poi a liberare Andromeda, prossima ad essere immolata ad un mostro marino, che divenne sua sposa. Quando Perseo si recò ad Argo con la madre, ormai suo nonno Acrisio si era già rifugiato a Larissa proprio per eludere l'avverarsi della profezia. Però Acrisio non evitò la predetta fine e, in una pubblica gara, alla quale Perseo era stato invitato come partecipante, fu colpito mortalmente. Il disco era sfuggito proprio dalle mani di Perseo che si apprestava ad effettuare il lancio per la competizione.

R

ROMOLO E REMO

I due gemelli, discendenti di Venere e di Enea, sono figli di Marte e della vestale Rea Silvia, il cui padre è il re di Alba Longa, Numitore. Il padre fu spodestato del suo trono dal fratello Amulio e Rea Silvia dovette abbandonare i due gemelli, così li pose in un cesto che affidò alle acque del fiume Tevere. Una delle leggende sostiene che Romolo e Remo furono recuperati da una lupa che li allattò fin quando non vennero trovati dal pastore Faustolo, che li allevò e li fece crescere insieme a sua moglie Acca Larenzia. Una volta adulti, i fatali gemelli, scacciarono Amulio riportando il nonno, Numitore, sul prestigioso trono di Alba Longa. Successivamente decisero di fondare una nuova città ma, nel decidere quali fossero i confini che dovevano rispettare le mura, i fratelli litigarono senza accordarsi. La lotta per i confini si concluse con la morte di Remo, che fu ucciso da Romolo con un colpo di badile. Così, terminata la città, Romolo fondò Roma sul colle Palatino e si proclamò primo suo re.

S

SATIRI

I Satiri o Sileni, per alcuni, sono figli di Bacco e della ninfa Nicea. Altri li ritengono discendenti di Mercurio e della ninfa Istima. In sostanza corrispondevano a demoni della natura, raffigurati per metà con sembianze umane e metà animali. Venivano associati al culto di Dioniso. Presentavano volto, braccia e busto umani, mentre, gli arti inferiori erano simili alle sembianze di un cavallo o di un caprone, coda compresa. Il loro comportamento, così come il loro carattere, li faceva risultare spesso dispettosi ed ironici. Dimoravano in anfratti, grotte e boschi, trascorrevano la loro vita cacciando e dedicandosi alla musica. Accompagnavano Dioniso, bevendo vino e danzando per i campi facendo la corte alle Ninfe. Per queste loro peculiarità, i Satiri, divennero indispensabili per la tradizione del teatro comico greco, in quanto venivano adoperati per l'interpretazione delle leggende che riguardavano gli dei, con un approccio ironico e quindi satirico. Generalmente, i Satiri anziani venivano chiamati Sileni.

SIBILLE

Le Sibille sono oracoli corrispondenti a figure probabilmente realmente esistite, presenti nella mitologia greca e romana. Le sibille erano vergini dotate di alte virtù profetiche, ispirate da Apollo o da altre divinità. Considerate, veri e propri oracoli, ai quali recarsi e rivolgersi per ottenere indicazioni relative a predizioni. Le risposte della sibilla non venivano pronunciate in modo chiaro, non negavano gli eventi e consistevano in accenni. Queste risposte erano ambivalenti, ambigue e pertanto "sibilline". Tra le Sibille troviamo la celeberrima Cumana.

SILENO

Un anziano satiro dal brutto aspetto, per alcuni figlio di Pan. Notevole fu la sua saggezza, che era d'ausilio anche a terzi e che mise a servizio pure del re Mida. Spesso prendeva parte alle feste di Bacco dove si recava cavalcando un'asina perennemente ubriaca. Per alcuni Sileno allevò Bacco.

SIRENE

Le Sirene sono delle figure mitologiche e religiose appartenenti alle culture greco-romane. Le Sirene corrispondono a creature ibride con la parte superiore del corpo simile a quello di donna, mentre la parte inferiore è similare ad una coda di pesce con pinne finali. La leggenda ritiene che queste creature, cantando negli oceani, incantavano e ingannavano i marinai, facendoli naufragare ed annegare. Nelle letture fiabesche esse sono esseri marini pacifici abitanti ad Atlantide. La sirena come essere metà donna e metà pesce ha preso il posto dell'iniziale immagine di una creatura per metà donna e per metà uccello. La sirena può rappresentare il legame tra una sessualità esigente e la tristezza successiva al coito. Alla prima incantevole fase, retta dal desiderio sessuale, segue la prigionia quasi mortale della passività. Così la morte può risultare inutile e irreversibile se l'amore viene vissuto nell'immediatezza e finalizzato al solo piacere.

SIRINGA

Siringa era una Ninfa amata dal dio Pan, che la inseguiva insistentemente. Ella non corrispondeva al suo interesse e per sfuggirgli, chiese aiuto a suo padre Ladone, che la trasformò in canne. Ma Pan, ascoltando il suono di quelle canne mosse dal

Paolofabrizio De Luca

vento, le raccolse e realizzò uno strumento musicale, simile ad un flauto, che chiamò "Siringa", in ricordo della sua amata.

SONNO O IPNO

Ipno o Sonno, è figlio dell'Erebo e della Notte, gemello di Tanatos. A Sonno, indispensabile e benevolo, si opponeva così il sonno eterno, la Morte, spaventoso e irreversibile. Ipno, padre di Morfeo e di tantissimi altri figli, veniva raffigurato con le ali e, talvolta, dormiente all'interno di un buio antro, prossimo al fiume Oblio. In altre immagini è rappresentato come un giovane dal capo alato, con in una mano una fiaccola spenta e capovolta, mentre nell'altra un corno colmo di sonnifero. È in sostanza un personaggio benefico, che riesce anche, con il suo potere, ad aiutare gli esseri umani ad addormentare anche il dolore e la sofferenza. Secondo Omero, Ipno, avrebbe addormentato anche Giove per favorire Giunone nel realizzare il naufragio di Ercole.

T

TESEO

Teseo, figlio del re di Atene, Egeo, e di Etra, principessa di Trezene. È considerato l'eroe per eccellenza nella cultura ateniese. Infatti, si narra che da piccolo fu l'unico bambino a non spaventarsi alla vista della pelle del leone Nemeo. In realtà, arrivò all'età di sedici anni senza conoscere l'identità di suo padre, che gli venne rivelata da Etra. Solo allora si recò ad Atene per farsi riconoscere dal genitore. Quando Creta pretese da Atene i quattordici giovani da dare in pasto al Minotauro, Teseo si offrì come uno di questi. Così, l'eroe, sconfisse il mostro e liberò se stesso e gli altri riuscendo ad uscire dal labirinto, aiutato da Arianna. Morto il padre, Teseo divenne re. Dopo aver combattuto e vinto le Amazzoni sposò Antiope, loro regina. Prese parte anche alla ricerca del Vello d'oro.

TETI

Teti è una bellissima divinità marina, figlia di Nereo e di Doride. La leggenda vuole che fu allevata da Giunone alla quale rimase così legata affettivamente da rifiutare l'amore di Giove. La dea, oltre l'interesse di Zeus fu corteggiata anche da Nettuno e si racconta che venne allontanata dai suoi pretendenti poiché una profezia prospettava che da lei sarebbe nato un figlio ancora più forte e potente del padre. Così, impossibilitata ad unirsi con una divinità, sposò il mortale Peleo. I due misero al mondo Achille, al quale la madre rimase molto legata, e che si dimostrò essere il più forte dei guerrieri greci. Per evitare che partecipasse alla guerra di Troia, dove secondo una profezia sarebbe caduto in battaglia, Teti lo travestì da donna e lo nascose. Ma il travestimento dell'eroe fu scoperto da Ulisse che, spacciandosi per un mercante, portò a Sciro un cesto colmo di pietre preziose sotto le quali si trovavano delle armi. Così le fanciulle furono attratte dai gioielli, diversamente da Achille che suscitò visibile interesse per le armi, facendo scoprire la sua identità. Così Achille prese lo stesso parte alla guerra di Troia a capo del suo esercito di Mirmidoni, vanificando gli sforzi di Teti, che voleva preservargli la vita.

TROIA

Città dell'Asia Minore, celebrata nell'Iliade di Omero, è situata all'ingresso dell'Ellesponto, sulla collina retrostante la sponda destra del fiume Scamandro. La sua distruzione viene invece riportata nell'Odissea. Per la mitologia, la città venne fondata dai discendenti di Dardano, figlio di Zeus, che per i greci, proveniva da Samotracia,

Paolofabrizio De Luca

mentre, nell'Eneide di Virgilio, viene ritenuto di origini etrusche. Il rapimento di Elena causò la guerra che distrusse poi la città. Secondo Omero per far si che la guerra di Troia fosse vinta dai Greci si sarebbero dovute adempiere alcune fatalità, tra cui: Achille, come discendente di uno dei costruttori, avrebbe dovuto inevitabilmente prenderne parte; i Greci dovevano possedere le frecce di Ercole; andavano bevute le acque del fiume Scamandro; andava ucciso Ettore. Per vincere la guerra i greci avrebbero dovuto compiere e superare tutte le fatalità. Cosa che non avvenne condannando la città ad essere distrutta.

U

ULISSE O ODISSEO

Figlio di Laerte e di Anticlèa, Ulisse divenne, come il padre, anch'egli re delle isole di Itaca e Dulìchio. Fu il più astuto dei greci nell'assedio di Troia. È uno degli eroi maggiormente celebrati dagli antichi greci. Cercò di arrivare alla splendida Elena, che però preferì Menelào. In seguito, Ulisse prese in moglie Penelope e misero al mondo Telemaco. Poiché un oracolo gli predisse che non avrebbe retto l'impegno della guerra di Troia, Ulisse, inizialmente, si finse pazzo per non prendervi parte. Ma Agamennone scoprì che la sua follia era solo una finzione e lo costrinse a prender parte alla guerra. Ulisse, attraverso la sua spiccata scaltrezza, divenne il principale stratega che portò la vittoria sui troiani. Dopo circa dieci lunghi anni d'assedio i greci, seguendo la brillante idea di Ulisse, fecero finta di rinunciare alla conquista di Troia e di voler far ritorno in patria, costruendo e lasciando sulla spiaggia un gigantesco cavallo di legno, al fine che gli dei propiziassero il rimpatrio. Nel cavallo erano nascosti Ulisse ed i migliori guerrieri greci. Ma i troiani, festosi per lo scampato pericolo e per la fine dell'assedio, introdussero il cavallo all'interno delle mura di Troia, nonostante Laocoonte e Cassandra avvisarono di non farlo. Nella notte, mentre tutti dormivano, i greci uscirono dal cavallo e

Paolofabrizio De Luca

spalancarono le porte della città ai propri compagni. Dopo essersi nascosti con le navi dietro la piccola isola di Tenedo, i greci erano nuovamente sbarcati sulla spiaggia di Troia. I combattenti greci, una volta entrati nelle mura della città, colsero di sorpresa i troiani, che furono sconfitti senza particolare impegno. Così Troia fu data alle fiamme e, dopo la guerra, ebbe inizio l'Odissea. Ulisse prima di ritornare ad Itaca vagò per lungo tempo. Dopo aver accecato Polifemo, Odisseo, venne perseguitato dal dio del mare, Poseidone, padre del ciclope. Trascorsi circa venti anni sbarcò in patria e, travestitosi da un mendicante per non essere individuato dai Proci, fu riconosciuto dal suo cane Argo.

V

VENERE O AFRODITE

Afrodite la Venere dei romani, dea della bellezza e dell'amore. Per la leggenda è nata dalla spuma del mare quando Crono aveva evirato il padre facendo cadere alcune sue gocce di sperma in acqua. Secondo il mito del pomo della discordia vinse la contesa tra Giunone e Minerva come dea più bella. A causa della sua smisurata bellezza, Giove temeva che Afrodite sarebbe stata causa di violenza tra gli altri dei e per questo la diede in sposa a Vulcano, dio del fuoco, zoppo, dall'umore triste e alquanto brutto. Ma Afrodite amava Marte, il dio della guerra. Omero narra che i due amanti furono sorpresi da Apollo, il quale comunicò il tradimento a Vulcano che, per vendicarsi, nascose una rete nel letto della consorte, riuscendo ad intrappolarla con il suo amante. Infine, Vulcano decise di completare la sua vendetta schernendo Afrodite al cospetto di tutti gli dei dell'Olimpo. Quando successivamente Venere, colma di vergogna, fu liberata si andò a nascondere a Cipro e Marte fuggì in Tracia. Secondo la leggenda gli amanti di Venere sono stati diversi e tra questi vi è anche il padre di Enea, Anchise. Afrodite era anche caratterizzata dalla gelosia, in particolare della bellezza di una donna mortale chiamata Psiche. Per questo motivo si rivolse ad Eros chiedendogli di usare le sue frecce dorate per fare innamorare Psiche dell'uomo più brutto della terra. Eros accettò ma finì con l'innamorarsi egli stesso di Psiche.

VULCANO O EFESTO

Vulcano, Efesto per i greci, è il dio del fuoco e sposo di Venere. Figlio di Giove e di Era, durante una disputa tra i genitori relativa ad Ercole, aveva difeso la madre. Per questo fu gettato giù dall'Olimpo. Quella caduta, secondo quanto risulta anche nell'Iliade di Omero, lo rese zoppo. Oltre ad essere sovrano sul fuoco, Vulcano, è anche il dio dei metalli e dei vulcani. Era abile nel forgiare prestigiose armi magiche per gli eroi e le divinità come quelle, commissionate da Teti, per il prode Achille.

Attraverso questa sintetica selezione di immagini simboliche è possibile riconoscere le gesta e le caratteristiche degli esseri mitologici. Una volta identificato il mito, che ci sta rappresentando, possiamo comprendere il senso di ciò che stiamo vivendo passando dalla funzione simbolica all'azione evolutiva per la coscienza. È tradizione condivisa che a coniare il termine "mito" fu Platone, da cui è derivata la "mitologia" ovvero "la scienza delle antiche favole" proprie di un'etnia o nazione.

Questa disciplina scientifica approfondisce, raccoglie, interpreta e cerca di comprendere proprio le immagini mitologiche studiandone le origini, i significati e i successivi sviluppi che hanno assunto per l'uomo nel corso dei millenni.

C. G. Jung si dedica con sistematicità allo studio dei simboli e delle favole mitologiche, che diventano il terreno fertile per la Teoria della Libido, dell'Inconscio collettivo e quella dell'Energetica psichica. Jung valorizza e comprende l'importanza dei miti attraverso l'espressione della malattia mentale, in particolare nei casi di schizofrenia. Secondo la visione junghiana il mito ci invita alla contemplazione della realtà spirituale insita nella nostra natura profonda. Ancora oggi i miti antichi prendono forma nei sogni delle persone e vengono interpretati. Lo psicoanalista svizzero nella sua ricerca parla di *archetipo* e delle *immagini archetipiche* che sono contenute nell'Inconscio collettivo e colloca le radici della nostra personalità proprio all'interno dei miti che ci caratterizzano.

Jung ritiene che:

"Gli archetipi sono, per definizione, fattori e motivi che ordinano elementi psichici in certe immagini (da caratterizzare come archetipiche) e precisamente in modo tale da poter essere riconosciuti sempre solo dagli effetti che producono. Essi sono preconsci e presumibilmente formano le dominanti strutturali della psiche in generale (…). Come condizioni a priori, gli archetipi rappresentano una speciale istanza psichica del pattern of behaviour, familiare al biologo che dà ad ogni essere vivente la sua forma specifica. Allo stesso modo come le manifestazioni di questo piano biologico fondamentale possono cambiare nel corso dello sviluppo, così possono cambiare anche quelle dell'archetipo. Dal punto di vista empirico però l'archetipo non è mai nato nell'ambito della vita organica stessa. Esso entra in scena con la vita stessa."

Gli archetipi hanno origini oscure e la loro natura è impenetrabile, appartenendo al mistero ombratile che è l'Inconscio collettivo. Esso è per noi inaccessibile direttamente mentre, della sua esistenza e del suo agire, possiamo averne conoscenza solo indiretta, esclusivamente attraverso il nostro incontro con gli archetipi ossia con le loro manifestazioni nella psiche. Precisa Jung:

"Non si può spiegare un archetipo con un altro archetipo, ossia non si può affatto spiegare donde l'archetipo venga, perché non vi è alcun punto di Archimede al di fuori di queste condizioni a priori."

Pur essendo invisibile l'archetipo produce effetti che consentono di visualizzarlo. Tali effetti sono le rappresentazioni archetipiche. Quando l'archetipo viene espresso dal materiale psichico dell'individuo solo allora prende forma. Diventa così "psichico" ed entra a far parte della coscienza.

Anche le immagini così come l'essere vivente nascono e, crescendo, si sviluppano. Nella loro evoluzione esse trasformano energia. Jung parla di nascita del simbolo come un evento che interrompe la fase di regressione della libido nell'inconscio:

"La regressione si tramuta in progressione, il ristagno si volge in corrente. Viene così spezzata la forza d'attrazione delle profondità primordiali."

Per questo il simbolo si definisce anche come trasformatore di energia psichica e possiede un carattere eminentemente salutare e benefico che partecipa nel ristabilire sia la totalità che la salute. Le immagini partorite sono fortemente connesse con la libido. La trasformazione della libido è espressione del continuo separarsi ed unirsi di due elementi antitetici che trovano rivelazione nella sintesi di tesi e antitesi, cioè di materiale conscio ed inconscio. Anche il linguaggio del corpo è, allora, simbolico, funzionale all'espressione dell'Es.

Analizzando i contenuti dell'inconscio di alcuni pazienti e la loro associazione con tutto il materiale mitologico a disposizione, Jung giunse a considerare il simbolo come un "mediatore", cioè un elemento che unificava gli opposti della coscienza e dell'inconscio. Il simbolo unificava paradossalmente, comprendendoli congiuntamente, il "bianco" e il "nero", il si e il "no". Se da una parte il simbolo era un'immagine, che costituiva la manifestazione dello sfondo psichico allo stadio primordiale non ancora plasmato razionalmente, dall'altra era più che partecipe alla realtà cosciente. Per Jung il simbolo ha queste caratteristiche:

"(…) non è né astratto né concreto, né razionale né irrazionale, né reale né irreale. Esso è sempre l'uno e l'altro".

In conclusione, se consideriamo il mito e la sua simbologia quali elementi esemplificativi del nostro accadere e dei trambusti dell'anima, possiamo analogicamente trovare lettura per la sofferenza che stiamo vivendo ed anche la via che può condurci fuori da essa. La lettura simbolica del disagio emotivo e della crisi psichica e/o somatica, può così portarci fuori dall'Odissea in cui siamo calati e favorire il nostro stesso processo fondamentale: l'Individuazione. Ognuno di noi ha un solo compito e dovere con la sua stessa identità: divenire ciò che è e scoprire la propria natura profonda.

Centauro

Cupido

Euridice

Paolofabrizio De Luca

Pan

Paolofabrizio De Luca

Ulisse

Paolofabrizio De Luca

Paolofabrizio De Luca

Paolofabrizio De Luca